CONGRÉGATION
DES
ENFANTS DE MARIE
DE NOTRE-DAME DE LILLE

CHANTS SACRÉS

TROISIÈME PARTIE

LILLE
L. LEFORT, IMPRIMEUR - LIBRAIRE
M D CCC LXII

TABLE

69 A la Mère de Dieu.
85 Aujourd'hui les anges.
82 Bénissons en ce jour.
91 Célébrons la tendresse.
66 Dans le temple.
70 Divine Marie.
88 Divin Cœur de Jésus.
79 Donnez toujours.
71 Du haut du céleste séjour.
84 Gloire aux cieux.
74 Grains enlacés.
87 Ils ne sont plus.
89 Je l'ai trouvé.
80 Je possède la paix.
86 Les cieux s'unissent.
73 L'ombre s'étend.
77 Mes ennemis.
65 Oui, même avant.
72 Oui, toujours.
78 Oh! que je suis heureux.
67 Prosternez-vous.
90 Reine des anges.
75 Reine d'espérance.
68 Sainte Sion, ouvre.
76 Sainte Vierge, pleine de grâce.
83 Salut, ô Marie.
81 Venez, ô famille chérie.
92 Salve. — Cum natus esset. — Ecce vicit.
93 Quid retribuam. — Se nascens.
94 O cor amoris.

IMMACULÉE CONCEPTION.

Oui, même avant de voir le jour,
Et toute belle et toute bonne,
Jamais, Reine du saint amour,
Rien n'a terni votre couronne !
Unis à la céleste cour,

Chœur
Chantons la radieuse étoile
Dont toute la splendeur aujourd'hui se dévoile.

C'est moi qui suis la blanche fleur,
Disait le lis de la vallée ;
Mais il perd toute sa blancheur
Devant vous, Reine immaculée.
Rien n'est pur comme votre cœur !

Vous l'avez dit : quand l'Éternel
M'enfantait avant les collines,
Il vit, dans le sein maternel,
Briller de ses clartés divines
La plus belle étoile du ciel !

Salut, trône du Roi des rois,
Maison d'or, arche d'alliance,
De nos cœurs entendez la voix,
Comme vous, puisse notre enfance
Obéir aux divines lois !

MARIE AU TEMPLE.

Dans le temple, au milieu de ses jeunes compagnes,
Brillait la fille d'Anne, aimable et chaste fleur :
Tel on voit resplendir au sein de nos campagnes
Un lis que juin revêt de sa blanche couleur.

Sous le voile de lin dont elle ourdit la trame,
Ondulait mollement sa tunique d'azur ;
Sur son front se peignait la candeur de son âme
Et, comme un ciel serein, son regard était pur.

Nulle dans Israël jamais ne fut habile
Autant qu'elle à tourner les rapides fuseaux ;
La laine frissonnait sous sa navette agile,
Façonnée en tissus, ou nouée en réseaux.

Son esprit dégageait des ombres du mystère
Le sens des livres saints, à ses regards offerts.
Pour célébrer le Roi des cieux et de la terre,
Sa harpe improvisait de suaves concerts.

Quand les vœux échappés de son âme ingénue,
Du Rédempteur divin, promis au monde entier,
Demandaient au Seigneur la prochaine venue,
Les anges, s'inclinant, la regardaient prier.

ASSOMPTION.

Chœur.

Prosternez-vous, saintes phalanges,
Votre Reine a franchi les portiques des cieux,
Prosternez-vous, Chœurs glorieux,
Chantez, exaltez ses louanges.
Prosternez-vous
A ses genoux.

Enfin elle a sonné pour cette auguste Mère
L'heure où vont triompher ses vertus, son amour.
La mort n'a qu'un instant assoupi sa paupière,
Déjà brille à ses yeux la clarté d'un beau jour.

Quel éclat! quelle gloire aujourd'hui l'environne!
Les rayons du soleil forment son vêtement,
Les étoiles des cieux sa royale couronne,
Et la lune à ses pieds se dessine humblement.

ASSOMPTION.

Chœur.

Sainte Sion, ouvre tes portes.
Accourez, rangez-vous, ô célestes cohortes,
Recevez la Reine des cieux.
O Jésus, couronnez votre divine Mère,
Et nous, ravis de ce mystère,
Suivons-la de nos chants joyeux.

Quelle est cette Vierge si belle
Qui monte au céleste séjour ?
Ce Fils, qui debout auprès d'elle,
La soutient avec tant d'amour ?
Chrétiens, c'est l'auguste Marie,
Qui de l'exil de cette vie
Franchit le terme redouté.
Jésus la mène en la patrie;
Il veut que sa Mère chérie
Règne sur la sainte cité.

L'honneur, la gloire l'environnent
De leurs rayons multipliés ;
Douze astres brillants la couronnent;
La lune blanchit à ses pieds.
Le soleil fixant sa carrière
De sa plus suave lumière
La pare comme un vêtement.
Avancez-vous, ô toute belle,
De Dieu soyez l'aube immortelle,
Du ciel le plus doux ornement.

CHANT DE GLOIRE.

Chœur.

A la Mère de Dieu
Chant de triomphe et de victoire !
En tout temps, en tout lieu,
Beauté, puissance, amour et gloire !

Des cieux, quand le soleil à son midi les dore,
Ton Fils a la splendeur ;
On l'adore,
On l'implore,
Belle aurore,
Avant-courrière du Seigneur !

A ta naissance, astre d'un nouveau jour,
Le Ciel sourit d'amour,
La terre d'espérance ;
Et ton retour,
Bel arc-en-ciel, d'un plus beau jour
Est l'assurance !

Sur l'Eglise du Christ, quand le soleil se voile,
O belle Etoile,
Tu diriges sa voile et son vaisseau,
Quand sur nos têtes,
La colère de Dieu fait passer les tempêtes,
Nous nous cachons, Reine, sous ton manteau,
Et là, tranquilles,
Quand sont fermés pour nous tous les autres asiles,
Nous attendons un jour plus beau !

PRIÈRE A MARIE.

Divine Marie,
O Mère chérie,
Divine Marie,
Mère du Sauveur,
Entends la prière
Du pauvre pécheur ;
Montre-toi sa mère,
Ouvre-lui ton cœur.

Mère toujours bonne,
Au méchant pardonne,
Mère toujours bonne,
Rends-le ton enfant.
Dans ton cœur, l'asile
Du vrai pénitent,
L'âme est si tranquille,
Le cœur si content !

Une paix profonde,
A l'abri du monde,
Une paix profonde,
Voilà son bonheur.
Oui, sous tes auspices,
Reine de mon cœur.
Tous les sacrifices
N'offrent que douceur.

L'enfer dans sa rage
Fait gronder l'orage,
L'enfer dans sa rage
Rugit à l'entour.
Ah ! que craindrait-elle,
Sûre en ce séjour,
L'âme, qui, fidèle,
Garde ton amour !

CONSÉCRATION A MARIE.

Du haut du céleste séjour
Où la gloire est votre apanage,
Marie, agréez en ce jour
Et notre encens et notre hommage.

Chœur.

Du péché brisons les liens,
Du monde abjurons la folie,
Notre amour, nos cœurs et nos biens
Nous consacrons tout à Marie.

En vain par l'attrait du plaisir
Le monde cherche à nous séduire,
Nos cœurs n'ont plus d'autre désir
Que de vivre sous votre empire.

Le monde est aveugle, trompeur ;
Ses plaisirs ne sont que folie,
Et pour trouver le vrai bonheur
Nous consacrons tout à Marie.

Sur nous des plus riches faveurs
Le Ciel a versé l'abondance ;
On voit régner dans tous les cœurs
La douce paix et l'innocence.

Nous voulons toujours professer
De la croix la sainte folie ;
Et, pour jamais ne nous lasser,
Nous nous consacrons à Marie.

SERMENT DU CONGRÉGANISTE.

Chœur.

Oui, toujours nous serons fidèles,
O Vierge mère, à nos serments.
Toujours à l'ombre de tes ailes
Nous voulons rester tes enfants.

Heureux qui t'aime, ô Vierge mère !
Son âme goûte un pur bonheur.
A tes pieds, dans ton sanctuaire,
La paix du ciel est dans son cœur.

Il fait si bon dans ta chapelle,
Quand nous y sommes réunis !
Alors surtout, Vierge fidèle,
Tu nous entends, tu nous bénis !

Là nous prions pour tous nos frères,
Présents. absents et voyageurs ;
Là nous te disons nos misères,
Et toi-même sèches nos pleurs !

Ici nous formons ta couronne,
Puissions-nous la former un jour !
Et dans le ciel, bonne madone,
T'aimer ensemble sans retour.

Auprès de toi, Vierge chérie,
Tu nous vois tous à ton autel ;
Auprès de toi, tendre Marie,
Rassemble-nous tous dans le ciel.

LA PRIÈRE DU SOIR.

L'ombre s'étend sur la terre.
Vois tes enfants de retour
A tes pieds, auguste Mère,
Pour t'offrir la fin du jour.

Chœur.

O Vierge tutélaire,
O notre unique espoir,
Entends notre prière,
La prière et le chant du soir.

Veille sur nous, bonne Mère,
Car notre ennemi jaloux,
Plein de ruse et de colère,
Toujours rode autour de nous.

Tous, à l'ombre de tes ailes,
Nous reposerons en paix.
Puissions-nous être fidèles
Nuit et jour, à tout jamais!

Donne-nous quelqu'un des anges
Qui forment au ciel ta cour:
Il chantera tes louanges,
Nous gardant avec amour.

Que ton nom, Mère bénie,
Préside à notre sommeil,
Et le cœur dira: Marie!
Au premier son du réveil.

LE ROSAIRE.

Grains enlacés, belle couronne,
Qui sous mes doigts parlez aux cieux,
Pendant qu'à Dieu mon cœur se donne
Dans un élan silencieux,

Chœur.

Vous serez toujours ma défense,
Et ma joie et mon espérance.

Vous qui me dictez, quand je prie,
Les mots du message divin
Qui fut la gloire de Marie
Et le salut du genre humain ;

Vous dont la forme symbolique,
Vous dont le nom pris à la fleur
Rappelle la rose mystique,
Reine des jardins du Seigneur ;

Restez avec moi, douce chaîne ;
Que votre anneau mystérieux
Me lie à mon aimable Reine
Et rattache mon cœur aux cieux.

RECOURS A MARIE.

Chœur.

Reine d'espérance,
Sois mon assurance,
Sois mes amours
Toujours, toujours.

Trésor de justice,
Ornement du ciel,
Tendre protectrice
Du faible mortel.
O divine Mère,
A mon cœur si chère
Toujours, toujours.

La nature entière
Docile à ta voix,
Les cieux et la terre
Soumis à tes lois,
Chantent ta mémoire,
Ta brillante gloire
Toujours, toujours.

Sur l'onde en furie
Vois le matelot,
Sauve-lui la vie
En calmant les flots,
Dissipe l'orage,
Détourne sa rage
Toujours, toujours.

PRIÈRE A NOTRE MÈRE.

Sainte Vierge, pleine de grâce,
Toi qui mets fin à tous les maux !
L'exil est un mal qui nous lasse,
Ah ! viens nous donner le repos.

Chœur.

Daigne écouter l'humble prière
Que nous t'adressons tous les jours :
Reine des cieux, sois notre Mère
Toujours, toujours, toujours, toujours.

Ecoute celui qui t'implore,
Tour de David, Source d'amour,
Vierge sainte, brillante aurore
Du plus pur et du plus beau jour.

L'aquilon souffle sur nos têtes :
Vierge divine, sauve-nous,
Eloigne de nous les tempêtes !
Vois, nous sommes à tes genoux.

Rends-nous cette terre chérie,
Le ciel aimé de notre cœur,
Cette aimable et douce patrie
Où se trouve le vrai bonheur.

CONFIANCE EN MARIE.

Mes ennemis contre moi se déchaînent ;
Pour m'accabler ils redoublent d'efforts ;
Faible, impuissant, vers l'abîme ils m'entraînent :
Reine des cieux, prends pitié de mon sort.

Chœur.

Ma mère,
C'est en toi que j'espère,
Ecoute ma prière !
Toi qui vois mes combats,
Défends-moi de ton bras,
Ma mère !

Je suis encor si loin de la patrie !
Sans ton amour comment y parvenir ?
Il n'est pour moi que dangers dans la vie ;
Viens, ô ma Mère, oh ! viens me secourir !

A ton enfant assure la victoire,
Daigne avec lui combattre nuit et jour ;
Et mon salut, mon bonheur et ma gloire,
Je les devrai, ma Mère, à ton amour.

MARIE ME PROTÉGE.

Chœur.

Oh ! que je suis heureux près de ma tendre Mère !
Près d'elle un jour entier n'est pour moi qu'un instant ;
Ailleurs je n'ai trouvé qu'un bonheur éphémère :
Là, c'est la paix du ciel, c'est un bonheur constant.

   Elle est l'appui de la débile enfance,
Elle est l'asile sûr qui l'arrache aux malheurs,
     Et par ses soins le lis de l'innocence
     Epanouit en paix ses blanches fleurs.

   De l'affligé c'est la douce espérance :
C'est elle qui guérit ses cuisantes douleurs.
     Quand on l'implore au jour de la souffrance,
     Marie accourt et sèche tous les pleurs.

   Dans les dangers elle nous encourage,
Et vient nous secourir au milieu des combats ;
     Quand l'ennemi nous poursuit de sa rage,
     Elle nous offre un asile en ses bras.

MÈRE DE LA DIVINE GRACE.

Chœur.

Donnez toujours, Mère de grâce,
Puissante Reine des élus !
Tout don du ciel par vos mains passe,
Faites-nous riches de vertus.

Vous êtes l'aimable Maîtresse
Des trésors du souverain Roi :
Vous dispensez avec sagese
L'amour, l'espérance et la foi.
De vos largesses, ô Marie,
De votre ardente charité,
Jamais la source n'a tarie,
Cette source est l'immensité.

Souvenez-vous des jeunes vierges
Dont les mains parent vos autels
De lis, de roses et de cierges,
Quand viennent les jours solennels.
Versez l'huile avec vigilance
Dans leur lampe soir et matin ;
Sans votre constante assistance
Sa clarté pâlit et s'éteint.

A notre terre infortunée
Donnez sans cesse un souvenir.
L'Eternel vous a destinée
A la garder, à la bénir.
Vous êtes bonne, riche et grande ;
A vos biens nous avons recours ;
Que le pauvre qui vous demande,
Ô Vierge, reçoive toujours !

PAIX ET AMOUR.

Je possède la paix, j'ai choisi pour asile
    Vos autels, ô Dieu des vertus !
Si près de votre cœur que le mien est tranquille !
    Mon Dieu, je ne vous quitte plus !

Vous avez dit un jour : J'aime celui qui m'aime,
    Je ferai ma demeure en lui.
Habitez donc en moi, vous, mon bonheur suprême,
    Mon espérance et mon appui.

A d'autres les plaisirs d'un monde périssable
    Suivis de regrets et de pleurs !
Seul vous êtes pour moi la source intarissable,
    L'océan des pures douceurs.

Au mondain ce qui passe, à moi ce qui demeure,
    A moi le Seigneur jour et nuit...
Anges, applaudissez ; ma part est la meilleure.
    Qui me séparera de lui ?...

Fidèle compagnon de mon pèlerinage,
    Dieu d'amour et de charité,
Sur terre comme au ciel, soyez mon héritage
    Pendant toute l'éternité !

HYMNE A MARIE.

Venez, ô famille chérie.
Parmi les plus joyeux transports,
Venez présenter à Marie
Vos vœux, unis à vos accords.

Chœur.

C'est notre reine, notre mère,
A l'aimer consacrons nos jours.
Heureux l'enfant qui sait lui plaire
Toujours, toujours, toujours, toujours.

O tendre, ô sublime mystère,
Fille et Mère du Roi des rois.
Au ciel, dans l'enfer, sur la terre
Tout suit, tout respecte ses lois.

De tous les biens, Source féconde,
Source de vie et de douceur,
Toujours par torrents sur le monde
Les grâces coulent de son cœur.

Que l'enfer au monde s'allie
Pour perdre nos cœurs innocents,
Contre les enfants de Marie
Leurs traits sont toujours impuissants.

LOUANGES A MARIE.

Bénissons en ce jour
La Mère du Dieu d'amour.

Portez-là sur vos ailes,
O brûlants Séraphins,
Trônes et Chérubins,
Anges toujours fidèles.

Que le ciel et la terre
L'honorent à la fois !
Que les sujets, les rois
La prennent pour leur mère.

Que la tendre Marie
Règne sur l'univers !
Elle a brisé nos fers
Et nous avons la vie.

Sous son joug tutélaire
Nous respirons en paix,
Et comblés de bienfaits
De cette aimable Mère.

Jetons-nous à l'envie
Dans ses bras maternels,
Entourons les autels
De la tendre Marie.

AVE MARIA

Chœur.

Salut, ô Marie
De grâce remplie!
O Fille chérie
Du Dieu créateur!

Seule entre les femmes,
Dont les chastes flammes
Offrent à nos âmes
L'Enfant rédempteur!

Que notre prière,
Douce et sainte Mère,
Rende un ciel sur terre
Au pauvre pécheur.

Et qu'à l'instant même
Comme à l'heure extrême,
Si son cœur vous aime,
Il ait votre cœur!

CHANT DE NOEL.

Chœur.

Gloire aux cieux, et paix à la terre !
    Notre Sauveur est né :
C'est notre roi, c'est notre frère ;
Le Fils de Dieu nous est donné.

Il est né dans l'humble chaumière,
Du monde le divin Auteur !
Il est né sur la froide pierre,
Dans l'indigence et la douleur.

Vous qui travaillez dès l'aurore,
Vous qui portez le poids du jour,
Venez, que votre cœur l'adore !
Il vous appelle avec amour.

Sa bonté pèse chaque obole
Que nous donnons aux malheureux ;
Il recueille chaque parole
De l'ami tendre et généreux.

Offrons nos vœux et nos prières
A l'Enfant qui nous sauve tous !
Soyons humbles, doux et sincères,
Si nous voulons qu'il naisse en nous.

PRIÈRE D'UN ENFANT.

Aujourd'hui les Anges,
Du ciel descendus,
Chantent tes louanges,
Saint Enfant Jésus !
Je voudrais te dire,
Moi petit agneau,
L'amour que m'inspire
Ton humble berceau.

Ange tutélaire
Du petit enfant !
Des oiseaux sans mère
Gardien vigilant !
O céleste guide,
N'est-ce pas ta main,
De l'agneau timide,
Qui calme la faim ?

Pour toi la fauvette
Gazouille en son nid,
L'humble violette
Au gazon sourit.
Fais que rien n'empêche
Qu'au lieu d'une fleur,
Au pied de ta crèche
J'apporte mon cœur.

Soigne de ta vigne
Le rameau naissant :
Rends-moi surtout digne
D'être ton enfant.
Que ta main me donne,
O mon bon Jésus,
Un jour la couronne
Parmi les élus !

LA SAINTE MESSE.

Chœur.

Les cieux s'unissent à la terre :
Recueillons-nous, faibles mortels !
Comme autrefois sur le Calvaire,
Dieu s'immole sur nos autels.

Oui, Jésus veut renaître encore
Avec les rayons de l'aurore,
Et se livrer pour notre amour ;
Ce n'est plus le sanglant supplice,
Mais c'est le même sacrifice
Qu'il renouvelle chaque jour.

Il est caché sous un symbole,
Il n'a fallu qu'une parole,
Les cieux mêmes sont descendus ;
Et Celui qui créa le globe
Voile sa gloire et se dérobe
Sous l'ombre d'un pain qui n'est plus.

Si Dieu près de nous voit ses anges
Devant ces merveilles étranges
Courber leurs fronts anéantis,
Comment ne pas frémir de crainte
En face de sa grandeur sainte,
Nous si pécheurs et si petits ?

Seigneur, malgré notre misère,
Nous voulons notre vie entière
Nous immoler aussi pour vous ;
Tels que le feu de la victime,
Nous élever au ciel sublime
Comme vous descendez vers nous.

QU'ILS SONT AIMÉS TES TABERNACLES.

Chœur.

Ils ne sont plus les jours de larmes :
J'ai retrouvé la paix du cœur
Depuis que j'ai goûté les charmes
Des tabernacles du Seigneur.

Je buvais à la coupe amère
Dont on me vantait la douceur,
Et je délaissais, ô mon Père,
Le Pain sacré du voyageur.

Je ne trouvais qu'insuffisance
Dans mes plaisirs de chaque jour,
Que ne savais-je l'abondance
Du banquet du divin amour !

Trop longtemps, brebis fugitive,
Je m'éloignai du bon Pasteur :
Aujourd'hui, colombe plaintive,
Il m'appelle, il m'ouvre son cœur.

SAINT CŒUR DE JÉSUS.

Divin Cœur de mon doux Jésus,
Je vous consacre mon hommage ;
Dans mon cœur je ne souffre plus
Après vous seul rien qui l'engage.

Chœur.
De quelle ardeur
Le sacré Cœur
D'un Dieu Sauveur nous presse !
Jurons-lui notre amour
Sans retour,
Sans partage, sans cesse.

Retiré dans ce beau séjour
Méconnu du reste du monde,
J'espère dans le saint amour.
Goûter de Dieu la paix profonde.

Du sacré Cœur l'heureux amant
Partage avec lui son calice ;
Il s'unit à Jésus souffrant
Et prend part à son sacrifice.

AMOUR DE JÉSUS.

Je l'ai trouvé, le seul objet que j'aime;
Je l'ai trouvé, je ne le quitte plus.
Je le possède au milieu de moi-même.
Oui, je le tiens, mon cœur dit : C'est Jésus.

Chœur.

Oui, c'est Jésus, le trésor de la terre !
Oui, c'est Jésus, la richesse des cieux !
C'est notre Dieu, notre Ami, notre Père
Dont la beauté ravit les bienheureux.

O doux Jésus, ô Source souveraine
Des biens parfaits, des célestes faveurs.
Ah! liez-moi d'une puissante chaîne,
Eternisez l'union de nos cœurs.

Oui, je le sens, Jésus est dans mon âme;
Par sa présence il réjouit mon cœur;
Il me console, il m'instruit, il m'enflamme,
Me fait déjà goûter le vrai bonheur.

AVE MARIA.

Chœur.

Reine des anges,
Que vos louanges
Retentissent en tout lieu.
Mère chérie,
Vers vous je crie :
Priez pour nous, Mère de Dieu.

Je vous salue, ô Marie,
Vierge de grâces remplie :
Avec vous est le Seigneur.
Femme entre toutes bénie,
Paix des cœurs, Source de vie,
Aurore du Dieu sauveur !

Vierge de faveurs comblée,
Toujours pure, immaculée,
Gloire et salut d'Israël :
O notre unique espérance
Vous reformez l'alliance
De la terre avec le ciel.

Bénie à jamais l'aurore
Qui parmi nous fait éclore
Le beau soleil des élus !
Béni du ciel, de la terre,
Votre Fils, ô Vierge-Mère,
Notre doux Sauveur Jésus !

LE SAINT SACREMENT.

Chœur.

Célébrons la tendresse, exaltons la douceur
Du Dieu d'amour qui voile sa splendeur :
Le jour qu'en tous lieux on l'adore ;
La nuit qu'on le bénisse encore.

Sans crainte approchons-nous de l'humble tabernacle
Où le Sauveur réside et la nuit et le jour.
De Sina cet autel n'offre plus le spectacle :
La gloire et la puissance ont fait place à l'amour.

Le Dieu puissant et bon qui règle la nature
Pour nous pauvres pécheurs doit en changer les lois :
Il nous donne son corps, son sang en nourriture ;
Il rend nos faibles cœurs temples du Roi des rois.

O charité divine, à notre âme ravie
Que tu sais révéler de célestes douceurs !
Venez, venez, chrétiens, goûter ce pain de vie
Préparé par l'amour pour sustenter nos cœurs.

CHANTS LATINS.

Salve, Regina virginum, ô Maria !
Mater divinæ gratiæ, alleluia.

Chœur.
Exultate Cherubim,
Jubilate Seraphim.
Salve Regina.

Salve Regina martyrum, ô Maria.
Consolatrix afflictorum, alleluia.

Salve Regina sanctorum, ô Maria.
Refugium peccatorum, alleluia.

Salve Regina virginum, ô Maria.
Et sine labe concepta, alleluia.

Cum natus esset Jesus in Bethlehem Juda in diebus Herodis regis, ecce magi ab Oriente venerunt Jerorolymam, dicentes : Ubi est qui natus est Rex Judæorum.

Vidimus stellam ejus in Oriente, et venimus adorare eum.

Reges Tharsis et insulæ munera offerent. Reges Arabum et Saba dona adducent : et adorabunt eum omnes reges terræ : omnes gentes servient ei.

Ecce vicit Leo de tribu Juda, Radix David, alleluia.

Ego sum qui sum, habeo claves mortis et inferni; fui mortuus, et ecce sum vivens.

Mulier, quid ploras? quem quæris?

Tulerunt Dominum meum, et nescio ubi posuerunt eum. — Domine, si tu sustulisti eum, dicito mihi, et ego eum tollam. — Maria! — Rabboni!

Noli me tangere, nondum enim ascendi ad Patrem meum. Vade autem ad fratres meos, et dic eis: Ascendo ad Patrem meum, Patrem vestrum, Deum meum, Deum vestrum.

Venit Maria Magdalena, annuntians discipulis. — Quia vidi Dominum, et hæc dixit mihi: Ascendo ad Patrem meum, Patrem vestrum, Deum meum, Deum vestrum.

Alleluia. Surrexit sicut dixit, alleluia. Surrexit Dominus verè, alleluia. Apparuit Simoni, apparuit Mariæ, apparuit et nobis, alleluia.

—∞◊∞—

Quid retribuam Domino pro omnibus quæ retribuit mihi?

Calicem salutaris accipiam, et nomen Domini invocabo.

Dirupisti vincula mea; tibi sacrificabo hostiam laudis.

—∞◊∞—

Se nascens dedit socium,
Convescens in edulium,
Se moriens in pretium,
Se regnans dat in præmium.

HYMNE AU S. COEUR DE JÉSUS.

O cor, amoris victima,
Cœli perenne gaudium,
Mortalium solatium,
Mortalium spes ultima.

Tu, Trinitatis gloria,
Jungit tibi se Filius,
In te quiescit Spiritus,
In te Patris sunt gaudia.

Te, digna sedes numine,
Fœcunda virtus Flaminis
Illapsa in alvum Virginis,
Puro creavit sanguine.

Cor dulce, cor amabile,
Amore nostrî saucium,
Amore nostrî languidum,
Fac, sis mihi placabile.

Quos abluisti sanguine,
Venis apertis omnibus,
Nos intimis recessibus,
Semel receptos contine.

Jesu, Patris cor unicum,
Puris amicum mentibus,
Puris amandum cordibus,
In corde regnes omnium.

TABLE GÉNÉRALE

N. B. Partout se guider d'après le chiffre qui est au milieu de la page.

Pages.
	69	A la Mère de Dieu.
	38	Ange de la Vierge fidèle.
S.	5	Ange fidèle, entends.
	53	Ange fidèle, dont la tutèle.
	51	A ton autel.
	85	Aujourd'hui les anges.
	21	Aux pieds de la Vierge fidèle
	13	Au secours, Vierge Marie.
	39	Avec transport.
	82	Bénissons en ce jour.
	2	C'est à l'ombre du sanctuaire.
	91	Célébrons la tendresse.
	34	Chantons la Vierge immaculée.
	63	Chantons les combats
S.	15	Cœur de Jésus.
	40	Dans ce beau mois.
	66	Dans le temple.
	9	De tous les cœurs.
S.	4	De nouveaux feux.
	37	Debout sur le mont.
	35	De tes enfants.
	8	Don sacré, gage tutélaire.
	11	De ton mois, ah! Marie.
	29	Devant vous, Esprits angéliques.
	71	Du haut du céleste séjour.
	79	Donnez, toujours.
	88	Divin Cœur de mon Jésus.
	70	Divine Marie.

TABLE GÉNÉRALE

Pages.	
54	Esprit d'amour.
S. 17	Esprit-Saint, descendez.
3	Gloire à Dieu.
84	Gloire aux cieux.
31	Gloire à Joseph.
S. 20	Gloire à vous, ô Père.
59	Goûtez, âmes ferventes.
74	Grains enlacés.
36	Il est un nom.
87	Ils ne sont plus.
25	Il faut quitter le sanctuaire.
60	J'ai mis dans le Seigneur.
S. 11	J'entends en mon âme.
42	J'entends le monde.
20	Je mets ma confiance.
89	Je l'ai trouvé.
12	Je suis l'enfant de Marie.
S. 2	Jésus paraît en vainqueur.
52	Jour mille fois heureux.
80	Je possède la paix.
28	Le ciel est ma patrie.
86	Les cieux s'unissent.
73	L'ombre s'étend.
6	Lève-toi, belle aurore.
56	L'étoile a brisé.
27	Les anges dans nos campagnes.
S. 3	Marie, ô nom que je répète.
77	Mes ennemis.
S. 6	Mon Dieu, mon cœur touché.
44	Ne pas espérer.
S. 16	Noble Epoux de Marie.
16	Notre-Dame à la Treille.
4	O bonheur de la Vierge.
19	Oh! qu'elle est bonne.
S. 10	Oh! qu'elle est grande.
78	Oh! que je suis heureux.
S. 14	O mon bon Sauveur.
49	O ma Reine.
62	O Patronne des saints cantiques
65	Oui, même avant.
72	Oui, toujours.

Pages.	
S. 9	Oui, je le crois.
5	O Reine des élus.
S. 13	O toi, divine Hostie.
S. 7	O vous, que le livre sublime.
58	Par les chants les plus magnifiques.
24	Pourquoi cette vive allégresse.
67	Prosternez-vous.
46	Qu'elle est bonne.
90	Reine des anges.
75	Reine d'espérance.
S. 4	Reine du ciel.
17	Reine des cieux, jette.
48	Reine des cieux, entends.
83	Salut, ô Marie.
10	Salut à toi, mois bien-aimé.
S. 21	Salut, Vierge de Lille.
S. 19	Salut, ô beau mois de Marie.
S. 12	Salut, aimable sanctuaire.
41	Salut, Vierge fidèle.
68	Sainte Sion, ouvre tes portes.
76	Sainte Vierge, pleine de grâce.
47	Sainte Vierge Marie.
14	Souvenez-vous, ô tendre Mère.
43	Souvenez-vous, Marie.
32	Sors du tombeau.
45	Tendre Marie.
61	Temple témoin.
30	Toujours, toujours.
33	Tout refleurit.
7	Triomphe, victoire.
18	Viens à moi.
81	Venez, ô famille chérie.
26	Venez, peuple fidèle.
S. 18	Venez, peuple, à l'autel.
55	Venez divin Messie.
57	Vive Jésus.
23	Vierge sainte, rose vermeille.
15	Vierge Marie, nous avons.
22	Vois à tes pieds.
50	Vous en êtes témoins.
1	Vous êtes toute pure.

TABLE GÉNÉRALE

CHANTS LATINS.

PARTIE FLAMANDE.

37. O salutaris. — Tantum ergo. — 38. Rorate. — 39. Adeste. — 40. Jesu decus. — Attende. — 41. Parce.— Vexilla. 42. — O filii. — 43. Salutis humanæ. — Veni, Creator. — 44. Veni Sancte.— 45. Te Deum. — 46. Te ergo quæsumus. — Sacris solemniis. — 47. Panis angelicus. — Lauda Sion. — Ecce panis. — 48. Ave verum. — Adoro te. — 49. Adoremus. — Laudate Dominum. — Ave maris. — 50 Monstra te esse. — 51. O gloriosa. — Sancta Maria. — 52. Magnificat. — 53. Ave Regina. — Salve Regina. — 55. Stabat. — 56. Ave Maria. — Sub tuum. — Inviolata. — 57. Litaniæ. — Omni die. — 58. O sanctissima. — Te Joseph. — 60. Christe sanctorum. — 61 O Roma felix. — 62. Iste confessor. — 63. Pie Jesu. — De profundis.

TROISIÈME PARTIE.

92. Salve. — Cum natus esset. — Ecce vicit. — 93. Quid retribuam. — Se nascens. — 94. O Cor amoris.

SUPPLÉMENT.

8. O Maria sine labe. — Inviolata. — Auxilium christianorum. — O sacrum convivium. — Pie Jesu.

Justus ut palma florebit : quasi lilium germinabit. — Euge, serve bone et fidelis : quia in pauca fuisti fidelis, supra multa te constituam; intra in gaudium Domini tui.

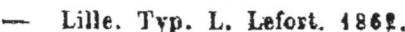

— Lille. Typ. L. Lefort. 1862. —

www.ingramcontent.com/pod-product-compliance
Lightning Source LLC
Chambersburg PA
CBHW060702050426
42451CB00010B/1239